(Conserver la couverture)

L'AUTOMNE
AU
PRINTEMPS,

OPÉRA COMIQUE EN UN ACTE,

Par M.*** musique de M. Duval

Représenté pour la première fois à Cette, le 28 Juin 1855.

CETTE.

Typographie de G. Bonnet,

1855.

L'AUTOMNE

AU

PRINTEMPS.

CETTE, TYPOGRAPHIE DE G. BONNET.

L'AUTOMNE

AU PRINTEMPS,

OPÉRA COMIQUE EN UN ACTE, PAR M. ***

Musique de M. Duval.

Représenté pour la première fois à Cette, le 28 Juin 1855.

Personnages :	Acteurs :
Le Baron de Varennes,	MM. BONNEFOY.
Hector de Varennes,	BARSAGOL.
Mathilde Brentali,	Mad. ALLIERY.

SCENE PREMIERE.

Le Théâtre représente le jardin d'un riche hôtel ; à droite de l'acteur se trouve un pavillon ; à gauche un bosquet.

LE BARON, *sortant du pavillon.*

Enfin je triomphe, j'ai sa parole, et demain je l'épouse. Oui, ma foi, moi, baron de Varennes, pair de France, ambassadeur auprès de Sa Majesté don Pedro, empereur du

Brésil, je renonce au veuvage, je me remarie. Que va-t-on dire à la cour ? Je crois entendre déjà les sarcasmes et les quolibets ! — Oh ! c'est bien de lui — quel original, cinquante ans, et il songe à se remarier ! Bien plus, il devient amoureux... romantique... Une traversée d'Amérique en France avec une jolie femme, et voilà sa tête qui déménage ; voilà qu'au premier port français il offre sa fortune et sa main, à qui ? A une jeune veuve sans fortune, nommée Mathilde de Brentali, dont il ne sait absolument rien, si ce n'est qu'elle est libre et qu'elle est charmante. Mais, au fait, que me font les sarcasmes et les quolibets, c'est moi qui épouse, c'est moi seul que cela regarde. Ah ! diable, moi seul, et mon fils, mon Hector, en voilà un qui va être étonné d'une belle-mère qui lui tombe du ciel... et d'Amérique ! Ce cher enfant, comment vais-je le retrouver ? Il avait deux ans lorsque sa mère mourut, et ne pouvant plus vivre dans ma solitude, je le confiai à sa tante, qui me promit de lui servir de mère. Je sollicitai et j'obtins un poste diplomatique aux colonies ; de là, je passai au Chili, au Pérou, au Brésil, et je suis resté vingt ans loin de la France.

Qu'il doit être changé, mon Hector ! je suis sur que c'est un beau cavalier ; bon sang ne peut mentir. Son éducation est sans doute parfaite, j'ai donné assez d'argent pour cela. Enfin je le verrai demain, puisque je lui ai écrit d'être ici le 13 juin pour m'y rencontrer. Je veux qu'il trouve tout terminé, cela coupera court aux observations, et je vais, de ce pas, hâter la signature du contrat.

COUPLETS.

Récitatif.

Oui, je veux, dès demain, faire ce mariage,
Car on ne saurait trop se hâter à mon âge,

Si je perdais un jour dans ma brûlante ardeur,
Je croirais perdre, hélas! un siècle de bonheur!
On pourra me traiter de fou, de ridicule;
Mais je le sens au feu qui dans mon cœur circule,
Mathilde Brentali, mon unique trésor,
Pour t'adorer, je serai jeune encor.

Premier Couplet.

A toi mon cœur se donne!
Créole de vingt ans,
Je veux à mon automne
Unir ton doux printemps.
L'amour, ma douce amie,
Est de toute saison,
L'amour, ma douce amie,
Est de toute saison.

Quant à mon fils Hector, il m'aime et me révère;
Il doit tout approuver, mais sa nouvelle mère
Est plus jeune que lui. Il faut qu'à son aspect
Ce jeune étudiant garde un profond respect.
Il sera prévenu, j'y penserai d'avance;
Courons vite au contrat, quelle douce espérance!

Deuxième Couplet.

Je brave en mon ivresse
Propos malicieux,
Ma charmante maîtresse.
Si je suis fou, tant mieux.
L'amour, ma douce amie,
Est de toute saison.
Oui, l'amour, mon amie,
Est de toute saison.

(*Il sort par la grille du fond et se rencontre avec Hector, qui entre précipitamment, suivi d'un valet de l'Hôtel qui porte sa valise; les deux personnages se saluent froidement.*)

SCÈNE DEUXIÈME.

HECTOR, *parlant au domestique.*

C'est bien, portez ma valise au numéro 8, dites-vous.... allez... Me voici donc arrivé... un jour à l'avance ; mon père ne sera ici que demain ; comment me trouvera-t-il ? Je ne suis pas trop mal... Sous le rapport du physique, il ne peut pas se fâcher... Quant au moral, je suis bon diable, et j'ai fait quatre ans de droit avec un certain succès, j'ose le dire.

Mais pour le moment ce n'est pas de cela qu'il s'agit. Que diable vais-je faire jusqu'à demain dans cette petite ville, où il n'y a ni café, ni théâtre ? S'il y avait seulement quelque joli minois, je serais capable d'en devenir immédiatement amoureux... pour me désennuyer... Qui sait si le papa ne m'a déjà choisi quelque femme. Dans ce cas, les heures de liberté sont comptées, et il est grand temps que je fasse hommage de mon cœur encore une fois ou deux avant que le papa ne l'aliène complétement, et conformément au pouvoir que lui donne son titre paternel.

C'est pourtant bien drôle qu'un jeune homme à marier.

Tant qu'il est libre, c'est à qui l'assiégera ; il a toutes les qualités ; il est invité, fêté partout ; les mères de famille se l'arrachent.

Une fois qu'il est.... placé, on n'y pense plus, c'est fini ; il a tous les défauts; jusqu'à sa femme qui regrette de l'avoir épousé, et qui lui dit d'un ton aigre-doux : « Ah ! ce n'est « pas le mari que j'avais rêvé ! (*On entend un prélude de clavecin*). Qu'entends-je ? un clavecin ! Quelle est l'enchanteresse qui peut toucher de cet instrument.

MATHILDE, *dans le pavillon.*

BOLERO.

Premier Couplet.

L'Avenir n'est à personne,
Hâtons-nous de profiter.
Du bonheur qu'ici nous donne,
Le présent qui va nous quitter.
 Le passé s'envole;
 Que devient l'amour?
Un mot, un serment frivole,
Qui souvent dure un seul jour.

HECTOR.

Quelle charmante voix.

Deuxième Couplet.

Y croire serait folie;
Et bien naïf est l'amant
Qui, pour l'avenir, se fie
A la foi d'un tel serment.
 L'avenir, vain songe,
 L'espoir est trompeur,
Le présent est sans mensonge,
Le présent c'est le bonheur.

Quelle fraîche mélodie! J'aime ce simple refrain, et la morale serait assez de mon goût. En effet, jouissons du présent, oublions le passé, et ne songeons pas à l'avenir : voilà la vraie philosophie. Ma foi, ma distraction est trouvée, je suis amoureux de cette voix; mais je voudrais bien voir mon idole...Oh! le trou de la serrure! la clé n'y est pas : charmant! Le premier pas dans toutes les opérations stratégiques, c'est de reconnaître la place que l'on va attaquer; ainsi reconnaissons.

SCENE TROISIEME.

HECTOR, LE BARON.

DUO.

HECTOR

Quand j'avais l'espérance
D'apercevoir l'auteur
De ces airs ravissants.
Quel est ce vieux monsieur
Qui vient par sa présence
Troubler ces doux moments;
Je le maudis d'avance.

HECTOR.	LE BARON.
L'ennuyeux personnage,	Quel est ce personnage;
Il vient à point je gage,	Son air et son visage
Près de ce pavillon,	N'annoncent rien de bon.
Troubler par sa présence	Sachons avec prudence
Les chants dont l'influence	D'où provient sa présence
Ont troublé ma raison :	Près de ce pavillon.
Mais près de cette porte	Mais près de cette porte
Il s'arrête longtemps.	Il est resté longtemps.
Que le diable l'emporte.	Que le diable l'emporte,
Ah! j'enrage, vraiment.	Il s'en va lentement.
Son air et sa figure	Son air et sa figure
Me déplaisent bien fort.	Me déplaisent fort.
Je voudrais, je le jure,	Je voudrais, je le jure,
Lui faire un mauvais sort.	Lui faire un mauvais sort.

(Hector s'éloigne dans le jardin.)

LE BARON.

Il s'éloigne et fait bien.
Entrons. Eh! mais d'où vient
Que mon âme oppressée
S'agite à la pensée
Que cet heureux lien
Se célèbre en cette journée?

ROMANCE.

Toi, le rêve de ma vie,
Toi, dont les yeux sont si doux,
C'est un époux qui t'en prie,
Qui t'en prie à deux genoux.
Oh! jette sur lui, de grâce,
Un regard plus généreux,
Et que ce moment le fasse
Des amants le plus heureux.

(Hector reparaît au fond du jardin).

LE BARON.

Encor cet étranger; eh! mais de sa présence
Quel est donc le motif? Je le saurai, je ce.

(Il se cache dans le bosquet).

HECTOR.

Je suis seul maintenant,
Et puis de Philomèle
Entendre le doux chant.
Qu'elle doit être belle

ROMANCE.

vus consacre ma flamme.

Mais dois-je aimer sans espoir,
Pour jamais, charmante femme,
Je suis en votre pouvoir,
En esclave je m'incline ;
A vous, mon amour, mon cœur ;
Rendez-vous, beauté divine,
Daignez faire mon bonheur.

(Le baron sort du bosquet).

REPRISE DE L'ENSEMBLE.

HECTOR.

Qui sait s'il s'en ira si le regarde bien? Voyons. *(Il le regarde fixement).*

LE BARON.

Qu'avez-vous donc, monsieur, à me regarder si attentivement?

HECTOR.

C'est ma manière de regarder les gens.

LE BARON *(à part.)*

C'est un grossier personnage.
Prenons-le par la douceur. *(Haut).* Vous êtes étranger, et vous cherchez peut-être?...

HECTOR.

Merci, j'ai déjà trouvé !

LE BARON.

Ah! vous avez trouvé?
Que diable a-t-il donc à regarder constamment à la porte de Mathilde. (*Haut*). Ainsi donc, monsieur, je ne puis rien faire pour vous?...

HECTOR (*à part*)

Oh! quelle idée! (*Haut*). Si vraiment, Monsieur, et comme vous me paraissez fort intelligent, je vais vous expliquer ce que je voudrais, dans un petit apologue inpromptu. (*A part*).
Peut-être nous écoute-t-elle. Elle me comprendra.

LE BARON.

Je suis tout oreilles.

HECTOR, *s'adressant autant au pavillon qu'au Baron*

Au bord d'un clair ruisseau, sous la verte feuillée,
Je m'étais endormi, lorsque dans la vallée
Un chant mélodieux vint enivrer mes sens,
Et je m'éveille au bruit de ces accords charmants.
    Car cette douce voix,
    C'est le chantre des bois.
    C'est toi, ma belle,
    Toi, Philomèle,
    Toi, qui me causes cet émoi.
    Oh! chante, chante!
    Ta voix touchante
    Remplit mon cœur
    D'ivresse et de bonheur.

Mais pendant que j'étais dans ce ravissement,
Paraît un vieux moineau qui me piaille à l'oreille.
Philomèle se tait, oh! douleur sans pareille !
Va-t-en donc, vieux moineau, porte ailleurs tes accents,
Et que je puisse encor entendre les doux chants
      De Philomèle,
      Ma toute belle, etc.

Voici ma fable. Quant à la morale, je la laisse à votre perspicacité.

LE BARON.

Je comprends et je sors ! Cependant, jeune homme, je vous donnerai, en partant, un conseil d'ami : c'est de tâcher d'habituer vos oreilles aux duos de Philomèle et du Moineau ; car ce matin même ce dernier a été chez le notaire pour préparer le contrat qui doit l'unir à la belle Philomèle, qu'il aime, et dont il est également adoré. Sur ce, serviteur de tout mon cœur. *(Il s'éloigne dans le jardin).*

SCENE QUATRIEME.

HECTOR.

Uni à la belle Philomèle ! Ah ! par exemple, l'aventure est délicieuse et digne de moi, et quand il y aurait un régiment de vieux moineaux, j'accepte le combat ! Bataille donc ! Mais si Philomèle était laide, ceci mérite considération. Je ne suis pas très difficile, pourtant il me faut trois choses !...

D'abord un joli bras, cela indique de la grâce ; puis, un petit pied, cela est aristocratique ; enfin de beaux yeux, parce que les yeux sont le miroir de l'âme : — voyons donc ! *(Il regarde par le trou de la serrure)*.

Elle me tourne le dos, et paraît écrire.. Ce bras qui s'avance pour tremper la plume dans l'encre, est délicieusement modelé ; numéro un, accepté. Voyons numéro deux : le pied posé sur ce tabouret est mignon, adorablement cambré !..· Accepté ! accepté ! Finissons l'examen : numéro trois ! Ah ! diable, numéro trois ! il est assez difficile d'en juger tant qu'elle restera ainsi. — Ma foi, frappons, elle se retournera ; si elle est laide je n'entre pas ; si elle est jolie.... *(Il frappe)*.

MATHILDE (*dans le pavillon*).

Entrez !

HECTOR.

Oh ! les beaux yeux ! les beaux yeux ! Tout est accepté, le vieux moineau n'a qu'à bien se tenir.

SCENE CINQUIEME.

HECTOR, MATHILDE.

MATHILDE, *ouvrant la porte du pavillon.*

Mais entrez donc... Ah ! pardon, monsieur. *(Elle veut se retirer)*.

HECTOR.

De grâce, un mot....

MATHILDE.

Mais, monsieur...

HECTOR.

N'ayez aucune crainte, madame : je m'appelle Hector, je suis étudiant en droit, j'arrive de Paris, je vous ai entendu chanter, votre voix m'a charmé; j'ai vu le vieux moineau, il m'a souverainement déplu. — Je désire vous produire l'impression contraire. Je suis mieux que lui, je m'en flatte : j'ai trente ans de moins, tous mes cheveux et toutes mes dents de plus.

MATHILDE.

Mais, monsieur!...

HECTOR.

Laissez-moi plaider ma cause, s'il vous plaît, et vous jugerez après : je vous aimais avant de vous voir, je vous ai vue, et je vous adore.

J'ignore parfaitement qui vous êtes, vous ne savez pas qui je suis ; mais ne vous hâtez pas de conclure un hymen disproportionné. Il faut des époux assortis et...

MATHILDE.

En vérité ce jeune homme est fou ; il m'amuserait presque, s'il ne me faisait pas peur.

HECTOR.

Permettez que j'achève !...... Oui, madame, je ne puis résister à l'attraction magnétique, à la sympathie indéfinissable que j'éprouve..... croyez à mes serments,

MATHILDE.

Ah! ah! ah! Adieu, monsieur. *(Mathilde sort).*

SCENE SIXIEME.

HECTOR, LE BARON.

HECTOR.

Ah! diable, je suis repoussé! Allons, l'attaque n'a pas réussi, mais cela ne prouve rien; quand on veut arriver, il faut persister. Après tout, on ne tue pas toutes les bécassines que l'on tire.

LE BARON, *entrant.*

Oh! oh! mon très cher, cela n'est pas une comparaison flatteuse pour les dames; il aurait mieux valu dire le zéphir n'effeuille pas toutes les roses.

HECTOR.

Ce n'est pas du zéphir, c'est de la tempête dont j'aurais besoin pour envoyer mon rival à tous les diables.

LE BARON.

Le pauvre homme! Pourtant il me semble que c'est un

rude jouteur, puisqu'on ne peut pas le supplanter ?

HECTOR.

Possible ; mais dès que je le connaîtrai, je pourrai bien lui faire voir de quel bois je me chauffe...

LE BARON.

Vous avez l'honneur de l'avoir devant vous.

HECTOR.

Vous ! pas possible. Alors permettez-moi de joindre mes félicitations à celles que vous avez probablement déjà reçues de vos enfants, petits-enfants. arrière petits... **Ah !** ah ! ah !

LE BARON.

Monsieur, je trouve vos rires indécents.

HÉCTOR.

Ah ! ah ! à votre aise, monsieur ?

LE BARON.

Encore une fois, monsieur, je vous parle sérieusement. Je désire que vous me répondiez de même.

HECTOR.

Vous voulez que je vous parle sérieusement.

LE BARON.

Si c'est possible.

HECTOR.

Eh bien, je suis très franc, vous avez dû vous en apercevoir à mon apologue, je vais vous l'achever, et votre intelligence supérieure ne manquera pas d'en saisir le sens.

Le talent est bien mal récompensé dans ce siècle égoïste et matériel. Philomèle n'a que sa voix... elle ne peut pas vivre de chansons. Arrive le vieux moineau, possesseur d'un nid confortable, d'un château, de riches fermes, et de pas mal de mille livres de rente : il offre tout cela à Philomèle, et son cœur par-dessus le marché. Que fera la pauvrette?... L'hiver est froid, la nécessité parle, elle accepte le nid, le château, les rentes, etc... Mais... adieu la musique. Tant que le moineau est à la maison, il n'y a pas possibilité de duo; mais qu'il sorte, et de suite on trouvera un gentil rossignol avec lequel on roucoulera d'autant plus.... qu'on aura été plus longtemps privé... de musique! vous me comprenez?...

LE BARON.

Parfaitement. Je vous remercie du conseil; mais le vieux moineau a bec et ongles; et votre jeune rossignol, qui me fait fort l'effet d'être un blanc bec, payera le bec jaune!

HECTOR.

Un blanc bec!

LE BARON.

Ne nous échauffons pas, mon jeune rossignol; j'ai été jeune et ardent comme vous, mais l'âge a blanchi mes cheveux, et je ne pourrais vous répondre; mais calmez-vous, car j'ai un fils qui, s'il savait l'affaire, pourrait bien venir vous mettre à la raison, et vous faire respecter ma fiancée.

2.

Ainsi, je veux bien oublier votre apologue, et je vous conseille...

HECTOR.

Parbleu! M. le vieux moineau, voilà qui me va à merveille. Ah! vous avez un fils et vous me traitez de blanc-bec... Ah! parbleu! il n'a qu'à bien se tenir ; où est-il ?

LE BARON.

Il arrive demain, et il vous fera voir que des gens de notre espèce ne craignent pas de mettre les fats à la raison.

HECTOR.

S'il manie le fer comme le papa la langue, ce sera un rude jouteur. Mais je le vois d'avance : un pauvre petit paltoquet, peu digne de mon courroux. Il ne doit pas vous faire honneur.

LE BARON.

Il vaut mille fois mieux que vous, et c'est de vous dont je ne voudrais pas être le père ; car, à en juger par le fils, votre père....

HECTOR.

Halte-là, monsieur, ou je m'emporterai, et je ne répondrai plus de rien. Insulter mon père, c'est trop fort.

DUO.

(Tous deux très animés).

Je veux de cette offense
Ici tirer vengeance,
Et mon cœur bat d'avance
De rage et de fureur.
Déjà l'heure s'avance;
Oui, votre impertinence
Aura sa récompense,
Et j'aurais un vengeur.

LE BARON.

Mon fils, mon noble fils !
A l'insulte est sensible !
Et je revis en lui ; redoutez son courroux !

HECTOR.

S'il ressemble au papa, ce sera très risible,
Et je redoute peu sa colère entre nous.

LE BARON.

Dès qu'il arrivera
On vous retrouvera.

HECTOR.

Je ne sors pas d'ici,
Et j'attends l'ennemi.

ENSEMBLE.

Je veux de cette affaire, etc.

MATHILDE *(entrant)*.

TRIO.

Messieurs, quelle fureur vous pousse et vous enflamme.

LE BARON.

Vous, Mathilde en ces lieux, rentrez, madame.

MATHILDE *(au Baron)*.

Calmez-vous.

LE BARON.

Non, jamais.

MATHILDE *(à Hector)*.

Vous, Monsieur.

HECTOR.

Je ne puis.

LE BARON.

Venez donc.

MATHILDE.

Arrêtez!

LE BARON.

Venez donc!

HECTOR.

Je vous suis.

MATHILDE.

> Ecoutez donc ma voix,
> Messieurs, je vous en prie,
> Et soumis à mes lois,
> Calmez votre furie.

HECTOR et LE BARON.

> Non, cette douce voix,
> Quoiqu'elle nous en prie,
> Ne peut pas cette fois
> Calmer notre furie.

LE BARON.

> Au combat, morbleu,
> Vous aurez beau jeu.
> La fureur m'enflamme,
> Je sens dans mon âme
> Bouillir tout mon sang.
> Mon fils, mon enfant,
> Viens venger ton père,
> En toi seul j'espère,
> Mon Cid...

HECTOR.

> C'est charmant !
> Aux âmes bien nées,
> La valeur n'attend pas le nombre des années.

ENSEMBLE.

D'estoc de taille,
Nous frapperons,
Vive la bataille !
Ah ! bientôt nous nous reverrons !

(Ils sortent).

MATHILDE, *seule,*

Décidément ce jeune homme est fou. Aller se battre, se battre pour moi, qu'il ne connaît pas, qu'il n'a vue qu'un instant. Il m'a dit qu'il m'aimait, et à peine m'a-t-il vue ; cela est-il possible ? Pourtant, s'il disait vrai ? Oh ! mais non, je suis folle aussi ; à quoi vais-je penser, quand le baron seul devrait m'occuper.

Demain, demain je me marie,
Oui, demain j'engage ma foi,
Et puisque le baron m'en prie,
Je vais me ranger sous sa loi.
Il est riche, et son caractère
Certainement devrait me plaire.
Tandis que ce M. Hector....
Mais, voilà que j'y pense encor.

Le baron, par ce mariage,
M'offre fortune, sort brillant ;
Je serai heureuse en ménage
Et couverte de diamants.
Non, je n'aurai pas de riva ,
C'est un bonheur que rien n'égale.
Et si j'étais Mme Hector....
Mais voilà que j'y pense encor.

Le baron, lui, n'est pas volage,

Il ne l'est pas assurément ;
Ce ne serait pas à son âge
Qu'un amant serait inconstant !
Oui, je ne dois voir que lui-même,
Oui, c'est lui seul, lui seul que j'aime.
Mais je préférerais.... Hector.
Ah ! voilà que j'y pense encor.

HECTOR, *qui est entré.* (*Sur les derniers mots*).

Qu'entends-je ! oh ! bonheur ! Mathilde, je suis à vos pieds. Ah ! répétez-moi ces mots adorés.

DUO.

Mathilde, Hector vous aime,
Vous aime plus encor
Que vous n'aimez Hector.
Pour moi, bonheur suprême,
Je vous jure à genoux
De n'adorer que vous.

MATHILDE.

Mon âme s'est trahie,
Vous avez entendu,
Hélas ! tout est perdu !
C'est une perfidie !
Quel trouble, quel effroi
Vient s'emparer de moi

HECTOR.

A vous, toute mon âme,
A vous tout mon amour.

MATHILDE.

A moi toute son âme,
A moi tout son amour.
Quel bonheur inconnu,
Dont mon cœur est ému.

LE BARON, *entrant.*

Monsieur, je vous rencontre à propos. Mon fils vient d'arriver ; on vient de me remettre sa carte à l'instant. Vous pouvez donc vous préparer

HECTOR *(à part)*

J'aurais autant aimé me battre un peu plus tard... Enfin ..
Eh bien ! monsieur, puisqu'il faut faire les choses en règle, j'accepte la carte de M. votre fils, en vous priant de lui remettre la mienne. *(Ils échangent les cartes).*
Pardon, monsieur, mais je crois que vous me rendez ma carte.

LE BARON, *regardant la carte,*

C'est juste, monsieur, pardon. *(Il la lui donne).*

HECTOR.

Merci ! *(regardant la carte).* Oh ! mais c'est trop fort !
Quoi encore ?

LE BARON, *lisant.*

Hector de Varennes.... Ah ! ça, mais, monsieur, vous le faites donc exprès ?

HECTOR, *prenant les deux cartes.*

Mes deux cartes.... Comment, monsieur, votre fils, c'est....

LE BARON.

C'est Hector de Varennes...

HECTOR.

Hector de Varennes!... Et c'est avec lui qu'il faut me battre?

LE BARON.

Certainement!

HECTOR.

Oh! pour cela, jamais!

LE BARON.

Jamais! Et pourquoi donc?

HECTOR.

Parce que... parce que c'est moi-même!

LE BARON.

Vous? Toi, mon fils?

HECTOR.

Qui n'a qu'à vous demander mille fois pardon de sa conduite. J'ai été un peu vif.

LE BARON.

Très vif!

HECTOR.

Me pardonnez-vous, mon père?

LE BARON.

Il le faut bien, mauvais sujet. Et peut-être tout cela est-il pour le mieux; car, après tout ce que tu m'as dit des moineaux, des rossignols, etc., etc..., peut-être y regarderai-je encore à deux fois avant de signer certain contrat...

HECTOR.

Oh! regardez-y à quatre, mon père, d'autant plus que j'ai encore une grâce à vous demander.

LE BARON.

Quoi donc encore?

CHANT.

HECTOR.

Mon père, j'aime Philomèle,
Et Philomèle m'aime aussi.
Regardez donc comme elle est belle,
Père, comme elle est belle ainsi.

MATHILDE.

Je vous aimais pendant notre voyage ;
Mon cœur pour vous battra toujours,
Et je vous promis le mariage,
Car vous me disiez tous les jours :
L'amour, ma douce amie,
Est de toute saison,
L'amour, ma douce amie,
Est de toute saison.
Mais je dois être ici sincère :
Je ne connaissais pas l'amour,
Et je ne vous aimais qu'en père.
Hector se présente à son tour ;
En lui, de suite, je retrouve
Vos traits, et puis trente ans de moins,
Et je ne sais ce que j'éprouve...
Vous, qui pour moi fûtes rempli de soins,
Dites-moi, de grâce,
Ce qu'en cet instant
Il faut que je fasse ;
Soyez indulgent.

LE BARON.

Mes enfants, dans mes bras, c'était une folie

Que de penser à former d'autres nœuds.
Oui, que chacun de nous l'oublie,
Soyez unis; pour vous je fais des vœux.
A vous je m'abandonne,
Et que votre printemps
Embellisse l'automne,
L'automne de mes ans.

HECTOR et MATHILDE.

A nous il s'abandonne, etc.

www.ingramcontent.com/pod-product-compliance
Lightning Source LLC
Chambersburg PA
CBHW060558050426
42451CB00011B/1972